LE REGISTRE DU COMMERCE

Loi du 18 Mars 1919

applicable à dater du 1ᵉʳ Juillet 1920

TEXTE OFFICIEL

suivi du Décret d'application

et accompagné de commentaires

Cette Loi comporte une

DÉCLARATION OBLIGATOIRE

POUR

TOUS LES COMMERÇANTS

FRANÇAIS ET ÉTRANGERS

ET TOUTES LES SOCIÉTÉS ÉTABLIS EN FRANCE

PARIS

Étienne CHIRON, Éditeur

40, Rue de Seine

1920

Prix : 1.50

LA LOI
SUR LE
REGISTRE DU COMMERCE

- I -

TEXTES OFFICIELS

Loi du 18 Mars 1919.
Décret du 15 Mars 1920.
Loi du 26 Juin 1920.
Décret du 27 Juin 1920.

- II -

Commentaires pratiques
par
René M. PETIT, Avocat

"ÉDITIONS & LIBRAIRIE
Etienne CHIRON, Editeur
40, Rue de Seine, PARIS

LOI DU 18 MARS 1919

tendant à la création d'un registre du commerce

Le Sénat et la Chambre des députés ont adopté.
Le Président de la République promulgue la loi dont la teneur suit :

Art. 1er. — Il sera tenu, pour le ressort de chaque tribunal de commerce ou du tribunal civil qui en tient lieu, un registre du commerce.

Art. 2. — Le greffier du tribunal est chargé de tenir ce registre, sous la surveillance du président du tribunal ou d'un juge spécialement désigné chaque année par celui-ci.

Art. 3. — Dans ce registre :

1° Sont immatriculés les commerçants français ou étrangers, ayant en France soit leur établissement principal, soit une succursale ou une agence; les sociétés commerciales françaises, les sociétés commerciales étrangères ayant une succursale ou une agence en France ;

2° Sont portées les mentions relatives à ces commerçants ou à ces sociétés, dont l'inscription est prescrite par la présente loi.

Des Commerçants français ou étrangers ayant leur établissement principal en France.

Art. 4. — Tout commerçant doit, dans le mois de l'ouverture de son fonds de commerce ou de l'acquisition par lui faite d'un fonds de commerce, requérir du greffier du tribunal dans le ressort duquel ce fonds est exploité, son immatriculation dans le registre du commerce.

Le requérant remet au greffier une déclaration en double exemplaire, sur papier libre et signée de lui. Cette déclaration indique :

1° Le nom de famille et les prénoms du commerçant;

2° Le nom sous lequel il exerce le commerce et, s'il y a lieu, son surnom ou pseudonyme;

3° La date et le lieu de sa naissance;

4° Sa nationalité d'origine et, au cas où il a acquis une autre nationalité, le mode et la date de l'acquisition de celle-ci;

5° Dans le cas où il est étranger, la date du décret qui l'aurait autorisé à établir son domicile en France;

6° S'il s'agit d'un mineur ou d'une femme mariée, l'autorisation expresse de faire le commerce qui lui a été donnée en vertu des articles 2 et 4 du code de commerce;

7° Le régime matrimonial du commerçant dans les cas prévus par les articles 67 et 69 du code de commerce;

8° L'objet du commerce;

9° Les lieux où sont situées les succursales ou agences du fonds de commerce en France ou à l'étranger;

10° L'enseigne ou la raison de commerce de l'établissement ;

11° Les noms de famille, prénoms, date et lieu de naissance, ainsi que la nationalité des fondés de pouvoirs avec toutes les indications prescrites par les dispositions du 4° du présent article;

12° Les établissements de commerce que le déclarant a précédemment exploités ou ceux qu'il exploite dans le ressort d'autres tribunaux.

Le greffier copie, sur le registre du commerce, le contenu de la déclaration et remet au requérant un des deux exemplaires de celle-ci, au pied duquel il certifie avoir opéré cette copie.

Art. 5. — Doivent aussi être mentionnés dans le registre du commerce :

1° Tout changement ou modification se rapportant aux faits dont l'inscription sur le registre du commerce est prescrite par l'article précédent;

2° Les jugements ou arrêts prononçant la séparation de biens, la séparation de corps ou le divorce du commerçant;

3° L'acte rétablissant la communauté dissoute par la séparation de corps ou de biens prévu par l'article 1451 du code civil;

4° Le nantissement du fonds de commerce, le renouvellement et la radiation de l'inscription du privilège du créancier gagiste;

5° Les brevets d'invention exploités et les marques de fabrique ou de commerce employées par le commerçant;

6° Les jugements ou arrêts nommant un conseil judiciaire au commerçant inscrit ou prononçant son interdiction, ainsi que les jugements ou arrêts de mainlevée;

7° Les jugements ou arrêts déclaratifs de faillite ou de liquidation judiciaire homologuant un concordat en prononçant la résolution ou l'annulation, déclarant l'excusabilité, clôturant les opérations de la faillite ou de la liquidation judiciaire pour insuffisance d'actif, rapportant un jugement de clôture, les jugements ou arrêts prononçant la réhabilitation;

8° La cession du fonds de commerce.

Les inscriptions au registre du commerce sont requises par le commerçant dans les cas visés par les 1°, 3°, 5° et 8° du présent article; elles le sont par le greffier du tribunal ou de la cour qui a rendu les jugements ou arrêts à mentionner dans les cas visés par les 2°, 6° et 7° du présent article. Les inscriptions sont opérées d'office par le greffier quand le jugement a été rendu par le tribunal au greffe duquel est tenu le registre du commerce, ou quand il s'agit des mentions à faire en vertu du 4° du présent article 5.

DES SOCIÉTÉS DE COMMERCE FRANÇAISES.

Art. 6. — Doivent être immatriculées dans le registre du commerce du siège social les sociétés commerciales françaises en nom collectif, en commandite simple, en commandite par actions et anonymes.

L'immatriculation doit être requise dans le mois de la constitution de la société, soit par les gérants, soit par les administrateurs.

Les requérants produisent au greffier du tribunal du siège social une déclaration en double exemplaire, sur papier libre, signée d'eux, en même temps qu'ils font le dépôt de l'acte de société prescrit par l'article 55 de la loi du 24 juillet 1867.

La déclaration mentionne :

1° Les noms et prénoms des associés autres que les actionnaires et commanditaires, la date et le lieu de naissance, la nationalité de chacun d'eux, avec toutes les indications prescrites par le 4° de l'article 4;

2° La raison sociale ou la dénomination de la société;

3° L'objet de la société;

4° Les lieux où la société a des succursales ou agences, soit en France, soit en pays étranger;

5° Les noms des associés ou des tiers autorisés à administrer, gérer et signer pour la société, des membres de conseils de surveillance des sociétés en commandite, la date et le lieu de leur naissance, ainsi que leur nationalité avec les indications prescrites par le 4° de l'article 4;

6° Le montant du capital social et le montant des sommes ou valeurs à fournir par les actionnaires et commanditaires;

7° L'époque où la société a commencé et celle où elle doit finir;

8° La nature de la société;

9° Si elle est à capital variable, la somme au-dessous de laquelle le capital ne peut être réduit.

Art. 7. — Doivent aussi être mentionnés dans le registre du commerce :

1° Tout changement ou modification se rapportant aux faits dont l'inscription sur le registre du commerce est prescrite par l'article précédent;

2° Les noms, prénoms, date et lieu de naissance, ainsi que la nationalité des gérants administrateurs ou directeurs nommés pendant la durée de la société, des membres des conseils de surveillance des sociétés en commandite, avec toutes les indications prescrites par le 4° de l'article 4;

3° Les brevets d'invention exploités et les marques de fabrique ou de commerce employées par la société.

L'inscription est requise par les gérants ou par les administrateurs en fonctions au moment où elle doit être faite;

4° Les jugements et arrêts prononçant la dissolution ou la nullité de la société;

5° Les jugements et arrêts déclarant la société en faillite ou en liquidation judiciaire ainsi que les jugements et arrêts s'y rattachant mentionnés dans le 7° de l'article 5.

Des Commerçants français ou étrangers ayant leur établissement principal à l'étranger et une succursale ou une agence en France.

Art. 8. — Tout commerçant français ou étranger, ayant un établissement principal en pays étranger et une succursale ou agence en France, doit, dans le mois qui suit l'ouverture de cette agence ou succursale, se faire immatriculer au greffe du tribunal dans le ressort duquel cette agence ou cette agence ou succursale est située. La déclaration à faire par lui doit contenir toutes les mentions indiquées dans l'article 4 avec l'indication du lieu du principal établissement.

Doivent être aussi mentionnés sur le registre du commerce tous les faits énumérés dans l'article 5 et les jugements ou arrêts visés par cet article quand ils ont été rendus en France ou qu'ils ont été déclarés exécutoires par un tribunal français.

Des Sociétés de commerce étrangères ayant une succursale ou une agence en France.

Art. 9. — Toute société commerciale étrangère, qui établit une succursale ou une agence en France est soumise à l'immatriculation dans le registre du commerce.

Avant l'ouverture de cette succursale ou agence, celui qui en prend la direction doit déposer au greffe du tribunal une déclaration sur papier libre en double exemplaire. signée de lui et contenant toutes les mentions prescrites par l'article 6 de la présente loi pour les sociétés françaises. Le déclarant y ajoutera ses nom, prénoms, date et lieu de naissance, ainsi que sa nationalité avec toutes les mentions prescrites par le 4° de l'article 4.

Toutes les mentions dont l'inscription est exigée par l'article 7 de la présente loi pour les société françaises, doivent être inscrites sur le registre. En cas de remplacement du directeur de la succursale, les nom, prénoms, date et lieu de naissance, nationalité du nouveau directeur, avec toutes les indications prescrites par le 4° de l'article 4, doivent être inscrits dans le registre du commerce.

Du registre central du commerce.

Art. 10. — Un registre central du commerce est tenu pour toute la France continentale à Paris, à l'office national de la propriété industrielle. Le directeur de l'office est chargé de tenir ce registre.

Les mentions à y apporter sont transmises à l'office par le greffier qui a opéré l'inscription dans le mois de celle-ci.

Elles consistent seulement dans les nom, prénoms de chaque commerçant, dans le nom sous lequel il exerce le commerce et, s'il y a lieu, son surnom ou pseudonyme, avec indication de la date et du lieu de sa naissance, dans la raison sociale ou la dénomination de chaque société, avec une référence au registre du commerce dans lequel le commerçant ou la société a été immatriculé.

Dispositions générales.

Art. 11. — L'immatriculation est exigée dans tous les lieux où il existe des succursales ou agences. Mais il suffit que dans les registres du commerce de ces lieux, le commerçant ou la société ayant son siège social en France soit mentionné au registre du commerce sous son nom, sa raison sociale ou sa dénomination avec référence au registre du commerce de l'établissement principal ou du siège social.

Les commerçants et les sociétés étrangères ayant plusieurs succursales ou agences en France ne sont soumis aux dispositions des articles 8 et 9 que dans le lieu où est située la principale de ces succursales ou agences, il suffit que le commerçant ou la société soit mentionné au registre du commerce dans les termes indiqués dans le précédent alinéa.

Art. 12. — Toute inscription sur le registre du commerce pour laquelle un délai n'a pas été fixé par les articles précédents doit être requise dans le mois, à partir de la date de l'acte ou du fait à inscrire. Le délai court pour les jugements et arrêts du jour où ils sont rendus.

Art. 13. — Toutes les immatriculations et inscriptions au registre du commerce ont lieu après une déclaration faite dans les formes prescrites par l'article 4, deuxième et dernier alinéa.

Art. 14. — Le greffier ne peut refuser d'opérer les inscriptions requises que dans le cas où les déclaration faites par les requérants ne contiennent pas toutes les mentions prescrites par la loi.

Il signale au président ou au juge chargé de la surveillance du registre les inexactitudes qui lui paraissent avoir été commises dans les déclarations.

Art. 15. — Quand un commerçant cesse d'exercer son commerce ou vient à décider sans qu'il y ait cession de son fonds de commerce ou quand une société est dissoute, il y a lieu à la radiation de l'immatriculation. Cette radiation est opérée d'office en vertu d'une décision du juge préposé à la surveillance du registre, si elle n'a pas été requise par le commerçant, ou par ses héritiers ou par les gérants ou administrateurs de la société en fonctions au moment de sa dissolution.

Art. 16. — Toute personne peut se faire délivrr par le greffier ou par le directeur de l'office national de la propriété industrielle une copie sur timbre de dimension des inscriptions portées sur le registre. Le greffier ou le directeur de l'office certifie, s'il y a lieu, qu'il n'existe point d'inscription.

La copie est certifiée conforme, soit par le président du tribunal ou par le juge chargé de la surveillance du registre, soit par le directeur de l'office national de la propriété industrielle.

Art. 17. — Les copies délivrées par le greffier ne doivent pas mentionner :

1° Les nantissements du fonds de commerce quand l'inscription du privilège du créancier gagiste a été rayée ou est périmée pour défaut de renouvellement dans le délai de cinq ans, en vertu de l'article 28 de la loi du 17 mars 1909;

2° Les jugements déclaratifs de faillite ou de liquidation judiciaire quand il y a eu réhabilitation judiciaire ou légale;

3° Les jugements d'interdiction ou de nomination d'un conseil judiciaire lorsqu'il y a eu mainlevée.

Art. 18. — Est puni d'une amende de seize francs (16 fr.) à deux cents (200 fr.) tout commerçant, tout gérant ou administrateur d'une société française, tout directeur de la succursale d'une société étrangère qui ne requiert pas dans le délai prescrit les inscriptions obligatoires.

L'amende est prononcée par le tribunal de commerce sur la réquisition du président ou du juge chargé de la surveillance du registre du commerce, intéressé entendu ou dûment appelé.

Le tribunal ordonne que l'inscription omise sera faite dans un délai de quinzaine. Si, dans ce délai, elle n'a pas été opérée, une nouvelle amende peut être prononcée.

Dans ce dernier cas, s'il s'agit de l'ouverture, en France, d'une succursale d'un établissement situé à l'étranger sans déclaration préalable, le tribunal peut ordonner la fermeture de cette succursale jusqu'au jour où la formalité omise aura été remplie.

Les greffiers qui ne se conformeront pas aux obligations que leur impose la présente loi seront soumis à des poursuites disciplinaires.

Art. 19. — Toute indication inexacte donnée de mauvaise foi en vue de l'immatriculation ou de l'inscription dans le registre du commerce est punie d'une amende de cent francs (100 fr.) à deux mille francs (2.000 fr.) et d'un emprisonnement d'un mois à six mois ou de l'une de ces deux peines seulement.

Les coupables peuvent, en outre, être privés, pendant un temps qui n'excédera pas cinq années, du droit de vote et d'éligibité pour les tribunaux et chambres de commerce, pour les chambres des arts et manufactures et pour les conseils de prud'hommes.

Le jugement du tribunal correctionnel prononçant la condamnation ordonne que la mention inexacte sera rectifiée dans les termes qu'il détermine.

Art. 20. — L'article 463 du code pénal sera applicable aux délits prévus par l'article précédent.

Art. 21. — Les dispositions de la présente loi ne portent en rien atteinte aux dispositions des lois antérieures relatives à la publicité de faits, actes ou jugements concernant les commerçants et les sociétés de commerce; elles demeurent en vigueur avec les sanctions y attachés.

Art. 22. — Des règlements d'administration publique détermineront les formes du registre du commerce, les émoluments dus au greffier et à l'office national de la propriété industrielle pour les inscriptions et pour la délivrance des extraits du registre et statueront sur toutes les mesures utiles à l'exécution de la présente loi.

L'émolument dû pour une immatriculation ou pour une inscription ne pourra excéder un franc.

Art. 23. — La présente loi entrera en vigueur trois mois après la publication des règlements d'administration publique prévus à l'article précédent.

Art. 24. — Des règlements d'administration publique fixeront les conditions dans lesquelles la présente loi sera applicable en Algérie et dans les colonies.

DISPOSITION TRANSITOIRE.

Art. 25. — Les dispositions précédentes s'appliquent dans le cas où les établissements principaux, succursales ou agences fonctionneraient en France antérieurement à la promulgation de la présente loi. Les commerçants, administrateurs ou gérants de sociétés et directeurs de succursales doivent s'y conformer dans un délai de six mois à partir de sa mise en vigueur.

Signé : R. Poincaré.

DÉCRET

du 15 mars 1920 portant règlement d'administration publique pour l'exécution

de la loi du 18 mars 1919 tendant à la création d'un registre du commerce.

Le Président de la République française,

Sur le rapport du ministre du commerce et de l'industrie et du garde des sceaux, ministre de la justice,

Vu la loi du 18 mars 1919 tendant à la création d'un registre du commerce et notamment l'article 22 ainsi conçu : « Des règlements d'administration publique détermineront les formes du registre du commerce, les émoluments dus au greffier et à l'office national de la propriété industrielle pour les inscriptions et pour la délivrance des extraits du registre et statueront sur toutes les mesures utiles à l'exécution de la présente loi » ;

Vu le décret du 29 décembre 1919 relatif à la revision du tarif des greffiers;

Vu l'avis du ministre des affaires étrangères en date du 22 juillet 1919;

Vu l'avis du ministre des finances en date du 14 août 1919;

Le Conseil d'Etat entendu,

Décrète :

TITRE PREMIER

DE LA DÉCLARATION.

Art. 1er. — La déclaration en double exemplaire que tout commerçant, tout gérant ou administrateur de société commerciale ayant en France, soit son établissement principal, soit une succursale, soit une agence, tout direc-

~teur succursale ou d'agence est tenu de remettre au greffe du tribunal de commerce dans le ressort duquel il possède ou dirige un établissement, à l'effet de requérir son immatriculation ou une inscription dans le registre du commerce, en vertu de la loi du 18 mars 1919, doit être déposée par l'intéressé ou par son fondé de pouvoir spécial muni d'une procuration ; cette procura-~tion peut être sous-seing privée, mais doit être timbrée et enregistrée ; elle est laissée au greffe.

Dans le cas où la déclaration est déposée par un mandataire, la signature du mandant doit être légalisée. Si la déclaration est remise par le requérant lui-même, le greffier du tribunal doit s'assurer de l'identité du requérant.

Art. 2. — La déclaration est établie en double exemplaire, sur une formule spéciale dont le modèle est fixé, pour chacun des cas visés aux articles 4, 5, 6, 7, 8 et 9 de la loi du 18 mars 1919, par un arrêté du ministre du commerce.

Cette formule est fournie par le greffier.

Art. 3. — Les mentions exigées par la loi doivent être écrites sur la décla-~ration lisiblement sans abréviation ni altérations, ni surcharges; les renvois en marge doivent être paraphés et leur nombre ainsi que celui des mots rayés nuls, compté et certifié.

Les brevets d'invention exploités sont désignés par la date de leur dépôt et leur numéro de délivrance ; les marques de fabrique et de commerce em-ployées, par la date, le lieu et le numéro de leur dépôt.

Art. 4. — Le greffier vérifie si toutes les indications prescrites ont été fournies. Ils inscrit lui-même en tête de la déclaration :

1° La date et l'heure du dépôt ;

2° Le numéro attribué à la déclaration suivant une numérotation conti-nue commençant à nouveau chaque année à partir du 1er janvier ;

3° Le numéro sous lequel le commerçant sera immatriculé au registre analytique prévu ci-après.

Art. 5. — Toute déclaration postérieure à l'immatriculation doit repro-duire le numéro de la déclaration initiale et celui du registre analytique attri-bué lors de l'immatriculation.

Art. 6. — Les inscriptions des jugements ou arrêts visés par les paragra-phes 2, 6 et 7 de l'article 5 et les 4° et 5° de l'article 7 de la loi du 18 mars 1919, ainsi que les inscriptions rectificatives d'une inscription antérieure inexacte qui auraient à être opérées par application du paragraphe 3 de l'article 19 de la loi précitée, sont effectuées sur la réquisition du greffier du tribunal ou de la cour ayant rendu le jugement ou l'arrêt, qui en adresse, à cet effet, au greffier du tribunal de commerce où est tenu le registre du commerce, la notification, au moyen d'une lettre recommandée avec accusé de réception.

Le greffier procède d'office à ces inscriptions lorsque le jugement a été rendu par le tribunal du siège ou quand il s'agit des mentions visées par le 4° de l'article 5 de la loi.

TITRE II

DU REGISTRE LOCAL.

Art. 7. — Le registre du commerce institué par l'article 1er de la loi du 18 mars 1919 comprend deux parties :

1° Un registre chronologique ;

2° Un registre analytique.

Art. 8. — Les déclarations sont inscrites sur le registre chronologique à souche dans l'ordre de leur dépôt au greffe et sous le numéro qui leur a été attribué.

Il en est délivré un récépissé détaché de la souche, constatant le fait du dépôt et mentionnant :

1° Le numéro d'ordre de la déclaration ;

2° La date et l'heure du dépôt ;

3° Les noms, prénoms, ou les raisons sociales ou de commerce et le domi-cile des déclarants.

Art. 9. — Le registre analytique est tenu sous forme de tableau. Il est affecté à chaque établissement faisant l'immatriculation distincte, conformément aux articles 3, parargaphe 1er et 11 de la loi du 18 mars 1919, un folio entier, recto et verso, auquel le greffier donne le numéro de la déclaration initiale d'immatriculation.

Art. 10. — Lorsque le greffier sera requis d'inscrire des mentions susceptibles d'annuler des mentions existantes, il aura à rayer celles-ci à l'encre rouge, en indiquant en marge la référence de la mention nouvelle et le numéro sous lequel la délcaration ou la réquisition qui en demandait l'inscription a été réellement enregistrée.

Art. 11. — .S'il y a lieu à radiation d'une inscription par application de l'article 15 de la loi du 18 mars 1919, cette radiation est effectuée au moyen de deux traits croisés en diagonale tracés à l'encre rouge.

Indication est faite en marge, à l'encre rouge également, soit de la décision prise à cet effet par le juge chargé de la surveillance du registre, soit de la réquisition en vertu de laquelle la radiation a été effectuée.

Cette mention est paraphée par le greffier.

Art. 12. — Lorsque les indications contenues dans la déclaration ont été reportées au registre analytique, le greffier remet au déposant un des exemplaires de la déclaration, dûment signé, pour valoir certificat de l'inscription.

Les exemplaires des déclarations conservés au greffe du tribunal sont reliés au moins chaque année par les soins et aux frais du greffier et dans leur ordre numérique.

Art. 13. — Les deux registres chronologique et analytique sont cotés, paraphés et vérifiés à la fin de chaque mois par le président du tribunal ou le juge chargé de la surveillance du registre. Mention de cette vérification est faite sous le sceaux du tribunal et la signature du juge vérificateur.

Si le président du tribunal de commerce ou le juge consulaire chargé de la vérification du registre présume qu'une déclaration tombe sous le coup de l'article 19 de la loi du 18 mars 1919, il doit dénoncer le fait au procureur de la République.

TITRE III

DU REGISTRE CENTRAL.

Art. 14. — Dans la première semaine de chaque mois, et après la vérification prévue à l'article précédent, le greffier transmet à l'office national de la propriété industrielle un extrait des déclarations qu'il a enregistrées dans le cours du mois à fin d'immatriculation ou de modification d'une déclaration antérieure, lorsque cette modification doit être reportée au registre central par application de l'article 10 de la loi du 18 mars 1919.

Art. 15. — Dès réception à l'office national de la propriété industrielle, les extraits de déclarations transmis par les greffiers sont réunis en deux registres distincts : l'un pour les commerçants, l'autre pour les sociétés commerciales.

Art. 16. — Les radiations à opérer dans le registre central sont effectuées comme il est dit à l'article 11, sur avis du greffier donné par lettre recommandée avec avis de réception.

La mention à inscrire en marge est paraphée par le préposé à la tenue du registre central.

Art. 17. — Un répertoire alphabétique du registre central est tenu à l'office national de la propriété industrielle.

TITRE IV

DES ÉMOLUMENTS.

Art. 18. — Conformément aux dispositions de l'article 22 de la loi du 18 mars 1919, les émoluments sont fixés comme suit :

1° A titre d'émolument pour une immatriculation, une inscription ou une radiation, au greffier, 1 fr. ; à l'office national, 75 centimes ;

2º Pour chaque lettre du greffier adressée à l'occasion des formalités prévues par la loi (frais de poste en sus), 50 centimes ;

3º Pour la copie des inscriptions portées au registre (non compris le remboursement des frais de timbre) : au greffier, 1 fr. pour chaque rôle de 20 lignes à la page et de 12 à 14 syllabes à la ligne ; à l'office, 1 fr. ;

4º Pour tout certificat délivré à l'occasion de la loi (non compris le remboursement des frais de timbre) : au greffier, 2 fr. ; à l'office, 2 fr.

Il est alloué, en outre, à titre de remboursement du prix des formules, des frais de registre, reliure et pour frais de toute formalité à accomplir d'office : au greffier, 2 fr. ; à l'office national, 1 fr.

Les copies des inscriptions du registre et les certificats de non-inscription, délivrés à la requête des autorités judiciaires ou administratives, sont fournis gratuitement et sur papier libre, à condition de porter la mention de leur destination.

Art. 19. — L'émolument et le montant des débours revenant à l'office, pour l'inscription au registre central, sont perçus par le greffier en même temps que les siens.

Les émoluments alloués aux greffiers par le présent décret, sont exclusifs des émoluments prévus par le décret susvisé du 29 décembre 1919.

Art. 20. — Le greffier fait chaque mois à l'office national, par mandat ou chèque postal dont il retient les frais, l'envoi des émoluments et débours qu'il a perçus pour cet établissement. Il lui en est accusé réception.

TITRE V

DISPOSITIONS GÉNÉRALES.

Art. 21. — Un arrêté du ministre du commerce et de l'industrie déterminera le modèle du registre local et du registre central du commerce, ainsi que les conditions dans lesquelles les inscriptions prévues par la loi et par le présent décret y seront effectuées.

Les imprimés et registres prévus au présent décret sont fournis par l'office national de la propriété industrielle aux greffiers moyennant remboursement de leur coût réel et des frais d'envoi.

Fait à Paris, le 15 mars 1920.

P. Deschanel.

LOI DU 26 JUIN 1920

instituant des taxes spéciales pour le service de la propriété industrielle et l'immatriculation au registre du commerce.

Art. 1ʳʳ. — Le dépôt ou le renouvellement de dépôt d'une marque de fabrique ou de commerce donne lieu au payement :

1ᵉ D'une taxe fixe de dépôt de 25 francs perçue au profit de l'État;

2º D'une taxe d'enregistrement de 10 francs par classe de produits auxquels la marque doit s'appliquer, perçue au profit de l'office national de la propriété industrielle, sans que le montant total à verser de ce chef puisse excéder la somme de 100 francs.

Il doit être remis au greffe du tribunal de commerce où s'effectue le dépôt ou le renouvellement du dépôt de la marque :

1º Une notice contenant l'énumération des produits ou classes de produits pour lesquels la marque doit être employée;

2º En plus des trois exemplaires de la marque exigés par l'article 2 de la loi du 23 juin 1857, modifié par la loi du 3 mai 1890, un nombre d'exemplaires de ladite marque égal à celui des classes ou catégories de produits auxquelles la marque doit être appliquée;

3º A peine de refus du dépôt, les pièces justificatives du payement des taxes ci-dessus visées.

Art. 2. — Aucune transmission de propriété, aucune cession ou concession de droit d'exploitation ou de gage, relativement à une marque déposée, ne sera valable à l'égard des tiers qu'après avoir été inscrite sur le registre spécial des marques de fabrique ou de commerce tenu à l'office national de la propriété industrielle, et où sont mentionnés les noms et adresses des déposants, cessionnaires ou concessionnaires de marques, ainsi que toutes les indications et notifications relatives aux actes affectant la propriété des marques.

Toute inscription concernant la transmission de propriété, la cession ou la concession d'un droit d'exploitation ou de gage concernant une marque déposée, donne lieu à la perception d'une taxe fixe de 10 fr. au profit de l'Etat et d'une taxe de 3 fr. par classe de produits auxquels la marque est applicable au profit de l'office national de la propriété industrielle. En cas de transfert par succession, la taxe perçue par l'Etat est fixée à 10 fr., quel que soit le nombre des marques comprises dans la déclaration. Toute autre inscription et toute radiation effectuées sur le registre des marques sont soumises à la perception d'une taxe de 3 fr. par marque, au profit de l'office national de la propriété industrielle.

L'office national sera tenu de délivrer à tous ceux qui le requerront, moyennant l'acquittement à son profit d'une taxe spéciale, une copie des inscriptions portées sur le registre précité comme aussi des inscriptions subsistant sur les marque données en gage ou un certificat constatant qu'il n'en existe aucune.

Art. 3. — La remise au demandeur d'un brevet d'invention ou d'un certificat d'addition de l'amplification de l'arrêté du ministre du commerce constituant le brevet ou le certificat d'addition accompagné d'un exemplaire imprimé de la description et des dessins donnera lieu à la perception d'une taxe de délivrance de 10 fr. au profit de l'office national de la propriété industrielle.

Art. 4. — Aucune transmission de propriété, aucune cession ou concession de droit d'exploitation ou de gage relativement à un brevet ne sera valable à l'égard des tiers qu'après avoir été inscrite sur le registre spécial des brevets d'invention, tenu à l'office national de la propriété industrielle où sont mentionnés les noms et adresses des titulaire cessionnaires, ou concessionnaires des brevets, ainsi que toutes les indications ou notifications relatives aux actes affectant la propriété des brevets.

Toute inscription et toute radiation effectuées sur le registre des brevets donnent lieu à la perception d'une taxe de 5 fr. par brevets au profit de l'office national de la propriété industrielle.

L'office national sera tenu de délivrer à tous ceux qui le requerront, moyennant l'acquittement à son profit d'une taxe spéciale, une copie des inscriptions portées sur le registre précité comme aussi de l'état des inscriptions subsistant sur les brevets donnés en gage, ou un certificat constatant qu'il n'en existe aucune.

Art. 5. — Aucune réquisition tendant à l'immatriculation sur le registre de commerce établi par la loi du 18 mars 1919 d'un commerçant ou d'une société commerciale ne sera reçue par le greffier du tribunal de commerce que sur la production d'un extrait du rôle de la contribution des patentes ou de l'impôt sur les revenus industriels et commerciaux, ou d'un acte de cession du fond de commerce, ou à défaut des pièces ci-dessus, d'un certificat délivré par le maire de la commune dans les départements, et à Paris par le commissaire de police du quartier, attestant, après vérification, la réalité de l'existence de l'établissement commercial visé dans la déclaration.

Il sera perçu au profit du Trésor, pour chaque immatriculation, une somme de 10 fr, augmentée, lorsqu'il s'agira d'une société commerciale dont le capital social est supérieur à 100.000 fr., d'une taxe proportionnelle de 0 fr. 01 par 1.000 fr., du capital social. Cette taxe proportionnelle ne sera due que pour l'immatriculation des sociétés étrangères au tribunal du lieu de la principale succursale ou agence.

Les dispositions du présent article ne sont pas applicables aux inscriptions au registre du commerce autres que l'immatriculation.

Art. 6. — Des décrets rendus sur le rapport du ministre du commerce et du ministre des finances détermineront les mesures nécessaires pour l'application de la présente loi.

DÉCRET DU 27 JUIN 1920

relatif à l'application de l'article 5 de la loi du 26 juin 1920 instituant des taxes spéciales pour l'immatriculation au registre du commerce.

Art. 1er. — La taxe établie par l'article 5 de la loi du 26 juin 1920, est perçue, sous sa responsabilité, par le greffier du tribunal de commerce lors du dépôt de toute réquisition tendant à l'immatriculation d'un commerçant ou d'une société commerciale ou d'une succursale ou agence dans le registre du commerce, en même temps que le montant des débours et de l'émolument qui lui sont alloués, ainsi qu'à l'office national de la propriété industrielle, par le décret du 15 mars 1920.

Art. 2. — Les sommes perçues au titre de la taxe d'immatriculation sont versées périodiquement au commencement de chaque mois par le greffier au receveur de l'enregistrement. Toutefois, au cas où les recettes atteindraient, dans le courant du mois, la somme de 50.000 francs, elles devraient faire l'objet d'un versement immédiat.

Art. 3. — Tout versement effectué par le greffier au receveur de l'enregistrement doit être accompagné d'un bordereau récapitulatif des immatriculations, signé du greffier et certifié par le président du tribunal de commerce ou le juge chargé de la surveillance du registre du commerce.

Ce bordereau mentionne sommairement les noms des commerçants ou les raisons sociales ou dénominations des sociétés, avec le montant de leur capital social, ainsi que le droit fixe, et, s'il y a lieu, la taxe proportionnelle afférents à chaque immatriculation.

Le Registre du Commerce

Commentaires de la Loi

CHAPITRE Ier

LE REGISTRE DU COMMERCE. — SA FORME. — SES MODALITES

1. — Ce qu'est, en France, le registre du commerce. — Le registre du commerce peut être défini un document destiné à recevoir le nom des commerçants, des sociétés ou des établissements commerciaux, ainsi que tous renseignements relatifs à ceux-ci, et de nature à intéresser les tiers. C'est donc essentiellement un instrument de publicité, permettant de fournir sur tous les établissements commerciaux des renseignements précis. Il n'est pas, comme dans certaines législations étrangères, créateur de droits particuliers en ce sens que l'inscription sur le registre du commerce confère à celui qui s'est fait immatriculer, la qualité de commerçant avec les avantages qui peuvent en résulter pour lui à divers points de vue (juridiction, compétence, preuve, etc.) (1).

Ainsi donc, pour employer une expression fort juste, c'est le casier commercial qui a été créé par la loi du 18 mars 1919, qui remédiera à la confusion de notre publicité légale au point de vue commercial, un peu éparse et disparate.

Les mesures de publicité prévues par la loi française n'ont entre elles aucune relation, aucun caractère commun ; en vertu des unes (habilitation du mineur à faire le commerce), l'autorisation nécessaire doit être affichée et enregistrée au tribunal de commerce (art. 2 du Code de commerce) ; en vertu des autres (régime matrimonial des commerçants), l'affichage doit être fait dans la salle d'audience et dans les chambres de notaires ou d'avoués (art. 67 à 70 du Code de commerce et 872 du Code de procédure civile) ; les jugements de faillite et de liquidation judiciaire sont affichés dans la salle d'audience du tribunal de commerce et doivent être annoncés dans les journaux (art. 442 du Code de commerce et loi du 4 mars 1889) ; les constitutions en nantissement des fonds de commerce sont inscrites sur un registre spécial tenu au greffe du tribunal et à l'Office national de la propriété industrielle s'il s'agit d'un nantissement comprenant des brevets d'invention et des marques de fabrique (loi des 1er mars 1898 et 17 mars 1909).

En ce qui concerne les sociétés, indépendamment de la publication de la note prescrite par la loi du 30 janvier 1907, dans le Bulletin hebdomadaire annexé au « Journal Officiel », les sociétés par actions sont astreintes à certaines règles de publicité prescrites par la loi de 1867 : dépôt d'un exemplaire ou d'une expédition des statuts dans les greffes

---

(1) Rapport Astier, Sénat, N° 392, 29 novembre 1917.

dc la Justice de paix et du tribunal de commerce du siège social ; insertion d'un extrait des statuts dans un journal d'annonces légales.

Comme on le voit. cette publicité est extrêmement confuse : elle est même peu opérante, et elle est cependant maintenue par la loi du 18 mars. 1919, (V. N° 17.)

2. — Où et par qui est tenu le registre du commerce ? — Il est tenu, pour le ressort de chaque tribunal de commerce ou du tribunal civil qui en tient lieu, un registre du commerce.

Le greffier du tribunal est chargé de tenir ce registre, sous la surveillance du président du tribunal ou d'un juge spécialement désigné chaque année par celui-ci (1). (V. N° 24.)

3. — Ce que comporte le registre du commerce. — Dans ce registre :

1°) Sont immatriculés les commerçants français ou étrangers, ayant en France, soit leur établissement principal, soit une succursale ou une agence ; les sociétés commerciales françaises, les sociétés commerciales étrangères ayant une succursale ou une agence en France ;

2°) Sont portées les mentions relatives à ces commerçants ou à ces sociétés, dont l'inscription est prescrite par la loi du 18 mars 1919 (2).

Il est bien entendu que l'inscription sur le registre de commerce n'entraîne pas d'office la qualité de commerçant, ni la compétence des tribunaux de commerce, les juges restant chargés d'apprécier en cas de contestation (3).

4. — Le registre local. — Le registre central. — Vérification judiciaire. — Le registre du commerce est tenu sous la double forme d'un registre local et d'un registre central.

Le registre de commerce local comprend deux parties :

1°) Un registre chronologique ;

2° Un registre analytique.

Sur le registre chronologique, à souche, sont inscrites dans l'ordre de leur dépôt au greffe et sous le numéro qui leur a été attribué, les déclarations prescrites par la loi.

Le registre analytique est tenu sous forme de tableau. Il est affecté à chaque établissement faisant l'objet d'une immatriculation distincte, conformément aux articles 3, § 1er et 11 de la loi du 18 mars 1919 (V. N°s 3, 11), un folio entier, recto et verso, auquel le greffier donne le numéro de la déclaration initiale d'immatriculation.

Les deux registres chronologique et analytique sont cotés, paraphés et vérifiés à la fin de chaque mois par le président du tribunal ou le juge chargé de la surveillance du registre. Mention de cette vérification est faite sous le sceau du tribunal et la signature du juge vérificateur.

Si le président du tribunal de commerce ou le juge consulaire chargé de la vérification du registre présume qu'une déclaration tombe sous le coup de l'article 19 de la loi du 18 mars 1919, il doit dénoncer le fait au procureur de la République (4). (V. N°s 16, 24.)

---

(1) Loi du 18 mars 1919, art. 1 et 2.
(2) Loi du 18 mars 1919, art. 3.
(3) Rapport Serres, Chambre des députés, 1er février 1917.
(4) Décret du 15 mars 1920, art. 7, 9, 13.

Un registre central du commerce est tenu pour toute la France continentale à Paris, à l'Office national de la propriété industrielle. Le directeur de l'Office est chargé de tenir ce registre.

Les mentions à y porter sont transmises à l'Office par le greffier qui a opéré l'inscription dans le mois de celle-ci. (V. N°s 24, 25.)

Elles consistent seulement dans les nom, prénoms de chaque commerçant, dans le nom sous lequel il exerce le commerce et, s'il y a lieu, son surnom ou pseudonyme avec indication de la date et du lieu de sa naissance, dans la raison sociale ou la dénomination de chaque société, avec une référence au registre du commerce dans lequel le commerçant ou la Société a été immatriculé (1).

Dans la première semaine de chaque mois, et après la vérification, comme il est dit ci-dessus, le greffier transmet à l'Office national de la propriété industrielle un extrait des déclarations qu'il a enregistrées dans le cours du mois à fin d'immatriculation ou de modification d'une déclaration antérieure,- lorsque cette modification doit être reportée au registre central.

Dès réception à l'Office national de la propriété industrielle, les extraits de déclarations transmis par les greffiers sont réunis en deux registres distincts : l'un pour les commerçants, l'autre pour les sociétés commerciales.

Les radiations à opérer dans le registre central sont effectuées sur avis du greffier donné par lettre recommandée avec avis de réception.

La mention à inscrire en marge est paraphée par le préposé à la tenue du registre central.

Un répertoire alphabétique du registre central est tenu à l'Office national de la propriété industrielle (2).

CHAPITRE II

DES COMMERÇANTS FRANÇAIS OU ETRANGERS
AYANT LEUR ETABLISSEMENT PRINCIPAL EN FRANCE

5. — **Obligation de l'immatriculation.** — **Délai d'un mois.** — Tout commerçant doit, dans le mois de l'ouverture de son fonds de commerce ou de l'acquisition par lui faite d'un fonds de commerce, requérir du greffier du tribunal dans le ressort duquel ce fonds est exploité, son immatriculation dans le registre du commerce (3).

6. — **Dépôt d'une déclaration au greffe du tribunal de commerce.** — **Sa forme.** — **Les mentions qu'elle doit contenir.** — Le requérant remet au greffier une déclaration en double exemplaire, sur papier libre et signée de lui.

____

(1) Loi du 18 mars 1919, art. 10.
(2) Décret du 15 mars 1920 ,art. 14, 15, 16 et 17.
(3) Loi du 18 mars 1919, art. 4.

Cette déclaration indique :

1°) Le nom de famille et les prénoms du commerçant ;

2°) Le nom sous lequel il exerce le commerce et, s'il y a lieu, son surnom ou pseudonyme ;

3°) La date et le lieu de sa naissance ; (1)

4°) Sa nationalité d'origine et, au cas où il a acquis une autre nationalité, le mode et la date de l'acquisition de celle-ci. (V. N°ˢ 5, 8.)

5°) Dans le cas où il est étranger, la date du décret, qui l'aurait autorisé à établir son domicile en France ;

6°) S'il s'agit d'un mineur ou d'une femme mariée, l'autorisation expresse de faire le commerce qui lui a été donnée en vertu des articles 2 et 4 du Code de commerce.

Indiquons que la mention de l'autorisation du mari ne pourra être exigée qu'autant qu'elle est expresse, et que jamais le greffier ne pourra refuser l'inscription requise par la femme, si cette autorisation n'est pas présentée (2). (V. N° 24.)

7°) Le régime matrimonial des commerçants dans les cas prévus par les articles 67 et 69 du Code de commerce ;

8°) L'objet du commerce ;

9°) Les lieux où sont situées les succursales ou agences du fonds de commerce, en France ou à l'étranger ;

10°) L'enseigne ou la raison de commerce de l'établissement ;

11°) Les noms de famille, prénoms, date et lieu de naissance, ainsi que la nationalité des fondés de pouvoirs, avec toutes les indications prescrites par les dispositions du § 4 ci-dessus ;

12°) Les établissements de commerce que le déclarant a précédemment exploités ou ceux qu'il exploite dans le ressort d'autres tribunaux.

Le greffier copie, sur le registre du commerce, le contenu de la déclaration et remet au requérant un des deux exemplaires de celle-ci, au pied duquel il certifie avoir opéré cette copie (3). (V. N°ˢ 9, 10.)

Doivent aussi être mentionnés dans le registre du commerce :

1°) Tout changement ou modification se rapportant aux faits dont l'inscription sur le registre du commerce est prescrite comme il vient d'être dit ;

2°) Les jugements ou arrêts prononçant la séparation de biens, la séparation de corps ou le divorce du commerçant (V. N° 28) ;

3°) L'acte rétablissant la communauté dissoute par la séparation de corps ou de bien prévue par l'article 1451 du Code civil ;

4°) Le nantissement du fonds de commerce, le renouvellement et la radiation de l'inscription du privilège du créancier gagiste. (V. N° 28) ;

----

(1) Reprenant la proposition de MM. Roux-Costadau et Lazare Weiller, M. Mistral a déposé, le 28 avril 1920, une proposition de loi tendant à compléter le § 4. Elle est ainsi conçue : « L'indication du lieu de naissance est facultative pour les Français, les Alsaciens-Lorrains, les naturalisés originaires des pays alliés ayant servi dans les armées françaises ou alliées pendant la guerre de 1914-1918, contre les empires centraux. »

(2) Rapport Astier, Sénat, N° 392, 29 novembre 1917.

(3) Loi du 18 mars 1919, art. 4 .

5°) Les brevets d'invention exploités et les marques de fabrique ou de commerce employées par le commerçant.

Cet alinéa a fait l'objet de certaines critiques qui peuvent ainsi se résumer d'après les rapporteurs de la loi du Sénat :

« L'obligation pour les commerçants de mentionner sur le registre du commerce toutes les marques qu'ils ont déposées, l'adoption de marques nouvelles, les modifications apportées par eux aux marques anciennes, l'abandon ou la cession des marques en usage peuvent constituer une gêne et une préoccupation pour la plupart d'entre eux ; ne serait-il pas opportun de leur épargner ce souci, à un moment surtout où sont à prévoir des évolutions de toute nature dans la production et l'écoulement, tant au dehors qu'au dedans, de leurs marchandises ? Il est à observer qu'il existe à Paris, actuellement des maisons qui possèdent plusieurs milliers de marques et que, dans un grand nombre d'industries, la création incessante de marques s'impose.

« A côté d'une marque ayant acquis une notoriété considérable et individualisant des produits de qualité hors ligne, le fabricant exploite souvent des marques servant à distinguer des articles de qualité ordinaire. Ces marques, qui peuvent être achalandées, servent uniquement de point de reconnaissance pour le consommateur, sans indication de nature à révéler le nom du fabricant ; leur possesseur préfère ne pas les faire connaître, afin de ne pas porter atteinte au prestige dont jouit sa marque principale. L'immatriculation des marques au registre du commerce dévoilerait plus facilement l'anonymat de telle ou telle marque, que leurs titulaires peuvent désirer leur conserver sans manquer aux règles de la probité commerciale.

« C'est grâce seulement aux grandes marques, celles qui relient directement les produits à leur provenance, que la France a acquis une maîtrise pour ainsi dire universelle dans presque toutes les branches de l'industrie nationale. C'est par centaines de mille que les marques devront être immatriculées au registre du commerce, dans le mois qui suivra son ouverture. Chaque année, 20 à 25.000 marques devront être mentionnées dans ce registre, dont 10.000 dans celui du greffe du tribunal de commerce de la Seine. Ne serait-ce pas imposer aux greffiers chargés de tenir le registre, un travail matériel trop considérable ? »

On peut aussi se demander « dans quelle mesure l'inscription des marques au registre du commerce pourrait révéler l'emploi par un étranger établi en France, de marques ayant seulement les apparences d'une marque française. En effet, celui qui aurait l'intention de gagner la clientèle des acheteurs, grâce à une marque dont la propriété serait attribuée inexactement à un fabricant français, pourrait tourner la difficulté sans effort : il n'aurait qu'à ne pas déposer cette marque, conservant la faculté de la revendiquer en invoquant le droit commun si elle était usurpée ; il pourrait aussi, rigoureusement, la faire déposer par un tiers qui ne serait ni fabricant, ni commerçant, et dont le nom ne figurerait pas sur le registre du commerce, et auquel aucune disposition n'interdit de faire enregistrer une marque.

« En ce qui concerne les brevets d'invention, on a fait valoir que la mesure proposée aurait pour effet de créer une obligation de publicité qui n'a jamais été imposée par le législateur, que cette publicité présenterait des inconvénients pour les industriels qui peuvent avoir intérêt à ne pas porter à la connaisance de tiers les brevets qu'ils exploitent et ceux dont ils sont licenciés et que, enfin, il n'appartient pas à la loi sur le registre du commerce d'apporter une modification à la publicité établie par la législation des brevets. »

Répondant à ces critiques, M. Émile Dupont, sénateur, dans son rapport supplémentaire du 28 novembre 1918, écrivait :

« En effet, s'il est exact qu'aux termes de l'article 20 de la loi du
5 juillet 1844, les cessions de brevets sont seules astreintes à l'enregistrement que les licences ne sont soumises à aucune formalité de publicité,
il est reconnu depuis longtemps que c'est là une lacune regrettable de
notre législation. Aussi le projet de loi présenté le 6 juin 1916 en vue
de modifier la loi du 5 juillet 1844, a-t-il prévu que toute concession de
droit d'exploitation de brevet devrait être enregistrée à l'Office national
de la propriété industrielle. D'autre part, la conférence des délégués tech-
niques des pays alliés en matière de propriété industrielle, qui s'est tenue
à Paris en décembre 1916, a décidé que tous les actes affectant la propriété
d'un brevet devaient être inscrits obligatoirement pour être valables à
l'égard des tiers sur un registre public tenu par l'administration com-
pétente. La même remarque s'applique également en ce qui concerne les
cessions et concessions de droit d'usage des marques, pour lesquels le
projet de loi du 6 juin 1916 revisant la législation actuelle des marques
de fabrique et de commerce exige aussi un enregistrement spécial.

« Quant à l'objection tirée de ce que la mesure proposée créerait une
obligation nouvelle de publicité qui n'a jamais été imposée par le législateur, on peut dire qu'elle s'appliquerait en fait à l'ensemble du projet
de loi sur le registre du commerce, dont le but est précisément d'orga-
niser une publicité nouvelle qui n'existait pas jusqu'à présent, ou plutôt
d'instituer une centralisation des diverses mesures de publicité déjà
prescrites par la loi en matière commerciale et qui sont actuellement
éparses.

Au surplus, la publicité qui résultera du registre du commerce ne
fait pas double emploi avec celle que la législation en vigueur prévoit
notamment pour les brevets d'invention et les marques. Celui-ci s'applique, en effet, au brevet ou à la marque considérés en eux-mêmes et
indépendamment, en quelque sorte, du titulaire ou du possesseur ; on
peut dire que cette publicité est faite « intuiti rei' »; au contraire, le
registre du commerce vise directement le commerçant ou l'industriel pro-
priétaire ou usager du brevet ou de la marque, la publicité est ainsi
faite « intuiti personæ ». L'objet principal du registre du commerce est
de permettre à toute personne de pouvoir se rendre compte facilement
et complètement de tout ce qui concerne la vie commerciale de tel individu
ou de toute société exerçant un commerce et une industrie. Or, il appa-
raît que les brevets exploités et les marques employées constituent souvent des éléments assez importants d'un fonds de commerce ou d'une
exploitation industrielle pour que les tiers aient un réel intérêt à en connaître exactement les bénéfices. » (V. N° 15.)

6°) Les jugements ou arrêts nommant un conseil judiciaire au commerçant inscrit ou prononçant son interdiction, ainsi que les jugements
ou arrêts de mainlevée. (V. N° 28.)

7°) Les jugements ou arrêts déclaratifs de faillite ou de liquidation
judiciaire homologuant un concordat, en prononçant la résolution ou
l'annulation, déclarant l'excusabilité, clôturant les opérations de la faillite
ou de la liquidation judiciaire, pour insuffisance d'actif, rapportant un
jugement de clôture, les jugements ou arrêts prononçant la réhabilitation. (V. N° 28.)

8°) La cession des fonds de commerce.

Les inscriptions au registre du commerce sont requises par le commerçant dans les cas visés par les alinéas 1, 3, 5 et 8 ci-dessus ; elles le
sont par le greffier du tribunal ou de la cour qui a rendu les jugements
ou arrêts à mentionner dans les cas visés par les alinéas 2, 6 et 7 ci-
dessus. Les inscriptions sont opérées d'office par le greffier quand le

jugement a été rendu par le tribunal au greffe. duquel est tenu le registre du commerce ou quand il s'agit des mentions à faire en vertu du paragraphe 4 ci-dessus (1).

CHAPITRE III

DES SOCIETES DE COMMERCE FRANÇAIS

7. — Obligation de l'immatriculation. — Délai d'un mois. — Doivent être immatriculées dans le registre du commerce du siège social, les sociétés commerciales françaises en nom collectif, en commandite simple, en commandite par actions et anonymes.

L'immatriculation doit être requise dans le mois de la constitution de la Société, soit par les gérants, soit par les administrateurs.

Les requérants produisent au greffe du tribunal du siège social une déclaration en double exemplaire, sur papier libre, signée d'eux, en même temps qu'ils font le dépôt de l'acte de société prescrit par l'article 55 de la loi du 24 juillet 1867 (2). (V. N° 10.)

8. — Dépôt de la déclaration au greffe du tribunal de commerce. — Sa forme. — Les mentions qu'elle doit contenir. — La déclaration mentionne :

1°) Les noms et prénoms des associés autres que les actionnaires et commanditaires, la date et le lieu de naissance, la nationalité de chacun d'eux, avec toutes les indications prescrites par le 4° de l'article 4. (V. N° 6) ;

2°) La raison sociale ou la dénomination de la Société ;

3°) L'objet de la Société ;

4°) Les lieux où la Société a des succursales ou agences, soit en France, soit en pays étranger ;

5° Les noms des associés ou des tiers autorisés à administrer, gérer et signer pour la société, des membres de conseils de surveillance des sociétés en commandite, la date et le lieu de leur naissance, ainsi que leur nationalité avec les indications prescrites par le 4° de l'article 4. (V. N° 6) ;

6°) Le montant du capital social et le montant des sommes ou valeurs à fournir par les actionnaires et commanditaires ;

7°) L'époque où la société a commencé et celle où elle doit finir ;

8°) La nature de la société ;

9°) Si elle est à capital variable, la somme au-dessous de laquelle le capital ne peut être réduit (3).

---

(1) Loi du 18 mars 1919, art. 5.
(2) Loi du 18 mars 1919, art. 5.
(3) Loi du 18 mars 1919, art. 6.

Doivent aussi être mentionnés dans le registre du commerce :

1°) Tout changement ou modification se rapportant aux faits dont l'inscription sur le registre du commerce est prescrite comme il est dit ci-dessus ;

2°) Les noms, prénoms, date et lieu de naissance, ainsi que la nationalité des gérants, administrateurs ou directeurs nommés pendant la durée de la société, des membres des conseils de surveillance des sociétés en commandite, avec toutes les indications prescrites par le 4° de l'article 4. (V. N° 6.)

3°) Les brevets d'invention exploités et les marques de fabrique ou de commerce employées par la Société ;

L'inscription est requise par les gérants ou par les administrateurs en fonctions au moment où elle doit être faite. (V. N°s 6, 21.)

4°) Les jugements et arrêts prononçant la dissolution ou la nullité de la Société (V. N° 28.)

5°) Les jugements et arrêts déclarant la société en faillite ou en liquidation judiciaire ainsi que les jugements et arrêts s'y rattachant mentionnés dans le 7° de l'article 5 (1). (V. N°s 6, 10, 28.)

CHAPITRE IV

DES COMMERÇANTS FRANÇAIS OU ETRANGERS AYANT LEUR ETABLISSEMENT PRINCIPAL A L'ETRANGER ET UNE SUCCURSALE OU UNE AGENCE EN FRANCE.

9. — Obligation de l'immatriculation. — Délai d'un mois. — Déclaration au greffe. — Mentions. — Tout commerçant français ou étranger ayant une succursale ou une agence en France, doit, dans le mois qui suit l'ouverture de cette agence ou succursale, se faire immatriculer au greffe du tribunal dans le ressort duquel cette agence ou succursale est située. La déclaration à faire par lui doit contenir toutes les mentions indiquées dans l'article 4, avec l'indication du lieu du principal établissement. (V. N° 6.)

Doivent être aussi mentionnés sur le registre du commerce tous les faits énumérés dans l'article 5 et les jugements ou arrêts visés par cet article quand ils ont été rendus en France ou quand ils ont été déclarés exécutoires par un tribunal français (2). (V. N°s 6, 11.)

______

(1) Loi du 18 mars 1919, art. 7.
(2) Loi du 18 mars 1919, art. 8.

CHAPITRE V

DES SOCIÉTÉS DE COMMERCE ETRANGERES
AYANT UNE SUCCURSALE OU UNE AGENCE EN FRANCE

10. — Obligation de l'immatriculation. — Délai d'un mois. — Déclaration au greffe. — Mentions. — Toute société commerciale étrangère qui établit une succursale ou une agence en France est soumise à l'immatriculation dans le registre du commerce.

Avant l'ouverture de cette succursale ou agence, celui qui en prend la direction doit déposer au greffe du tribunal une déclaration sur papier libre en double exemplaire, signée de lui et contenant toutes les mentions prescrites par l'article 6 de la loi pour les sociétés françaises. Le déclarant y ajoute ses nom, prénoms, date et lieu de naissance, ainsi que sa nationalité, avec toutes les mentions prescrites par le 4°) de l'article 4. (V. Nᵒˢ 6, 7.)

Toutes les mentions dont l'inscription est exigée par l'article 7 de la loi sur les sociétés françaises, doivent être inscrites sur le registre (V. N° 8). En cas de remplacement du directeur de la succursale, les nom, prénoms, date et lieu de naissance, nationalité du nouveau directeur, avec toutes les indications prescrites par le 4° de l'article 4, doivent être inscrits dans le registre du commerce (1). V. Nᵒˢ 6, 11.)

CHAPITRE VI

LES DISPOSITIONS GENERALES DE LA LOI DU 18 MARS 1919

11. — Immatriculation des succursales et des agences. Référence du registre de l'établissement principal. — L'immatriculation est exigée dans tous les lieux où il existe des succursales ou agences. Mais il suffit que dans les registres de commerce de ces lieux, le commerçant ou la société ayant son siège social en France soit mentionné au registre du commerce sous son nom, sa raison sociale ou sa dénomination, avec référence au registre du commerce de l'établissement principal ou du siège social. (V. N° 4.)

Les commerçants et les sociétés étrangères ayant plusieurs succursales ou agences en France ne sont soumis aux dispositions des articles

---

(1) Loi du 18 mars 1919, art. 9.

8 et 9 que dans le lieu où est située la principale de ces succursales ou agences.

Dans les lieux où se trouvent d'autres succursales ou agences, il suffit que le commerçant ou la société soit mentionné au registre du commerce dans les termes indiqués ci-dessus (1). (V. Nᵒˢ 9, 10.)

12. — Toutes inscriptions doivent être faites dans le délai d'un mois. — Toute inscription sur le registre du commerce pour laquelle un délai n'a pas été fixé par les articles précédents doit être requise dans le mois, à partir de la date de l'acte ou du fait à inscrire. Le délai court pour les jugements et arrêts du jour où ils sont rendus (2).

13. — Cessation de commerce. — Dissolution de Société. — Radiation. — Quand un commerçant cesse d'exercer son commerce ou vient à décéder sans qu'il y ait cession de son fonds de commerce, ou quand une société est dissoute, il y a lieu à la radiation de l'immatriculation. Cette radiation est opérée d'office en vertu d'une décision du juge proposé à la surveillance du registre, si elle n'a pas été requise par le commerçant ou par ses héritiers, ou par les gérants ou administrateurs de la Société en fonctions au moment de sa dissolution (3). (V. Nᵒ 25.)

14. — Délivrance des copies des inscriptions. — Toute personne peut se faire délivrer, par le greffier ou par le directeur de l'Office national de la propriété industrielle, une copie sur timbre de dimension des inscriptions portées sur le registre. Le greffier ou le directeur de l'Office certifie, s'il y a lieu, qu'il n'existe point d'inscription.

La copie est certifiée conforme, soit par le président du tribunal ou par le juge chargé de la surveillance du registre, soit par le directeur de l'Office national de la propriété industrielle (4).

La délivrance de la copie est de droit, contrairement à ce qui se passe en Allemagne où, pour l'obtenir, il est nécessaire de justifier d'un intérêt.

Les copies délivrées par le greffier ne doivent pas mentionner :

1ᵒ Les nantissements du fonds de commerce, quand l'inscription du privilège du créancier gagiste a été rayée ou est périmée par défaut de renouvellement dans le délai de cinq ans, en vertu de l'article 28 de la loi du 17 mars 1909 ;

2ᵒ Les jugements déclaratifs de faillite ou de liquidation judiciaire, quand il y a eu réhabilitation judiciaire ou légale ;

3ᵒ Les jugements d'interdiction ou de nomination d'un conseil judiciaire lorsqu'il y a eu mainlevée (5).

15. — Omission de l'inscription dans le délai d'un mois. — Amende. — Récidive. — Fermeture de l'établissement. — Est puni d'une amende de seize francs (16 francs) à deux cents francs (200 francs), tout commerçant, tout gérant ou administrateur d'une société française, tout directeur de la succursale d'une société étrangère, qui ne requiert pas dans le délai prescrit les inscriptions obligatoires.

---

(1) Loi du 18 mars 1919, art. 11.
(2) Loi du 18 mars 1919, art. 12.
(3) Loi du 18 mars 1919, art. 15.
(4) Loi du 18 mars 1919, art. 16.
(5) Loi du 18 mars 1919, art. 17.

L amende est prononcée par le tribunal de commerce, sur la réqui-sition du président ou du juge chargé de la surveillance du registre du commerce, l'intéressé entendu ou dûment appelé.

Le tribunal ordonne que l'inscription omise sera faite dans un délai de quinzaine. Si, dans ce délai, elle n'a pas été opérée, une nouvelle amende peut être prononcée.

Dans ce dernier cas, s'il s'agit de l'ouverture en France d'une suc-cursale d'un établissement situé à l'étranger, sans déclaration préalable, le tribunal peut ordonner la fermeture de cette succursale jusqu'au jour où la formalité omise aura été remplie.

Les greffiers qui ne se conformeront pas aux obligations que leur impose la présente loi seront soumis à des poursuites disciplinaires (1).

16. — Fausses indications. — Peines correctionnelles. — Toute indi-cation inexacte donnée de mauvaise foi en vue de l'immatriculation ou de l'inscription dans le registre du commerce, est punie d'une amende de cent francs (100 francs) à deux mille francs (2.000 francs) et d'un emprisonnement d'un mois à six mois, ou de l'une de ces deux peines seulement.

Les coupables peuvent, en outre, être privés, pendant un temps qui n'excédera pas cinq années, du droit de vote et d'éligibilité pour les tribunaux et chambres de commerce, pour les chambres des arts et manufactures et pour les conseils de prud'hommes.

Le jugement du tribunal correctionnel prononçant la condamnation ordonne que la mention inexacte sera rectifiée dans les termes qu'il déter-mine (V. N° 4.)

L'article 463 du Code pénal sera applicable aux délits prévus au pré-sent paragraphe (2).

17. — La loi du 18 mars 1919 laisse subsister les lois antérieures rela-tives au mode de publicité commerciale. — Les dispositions de la présente loi ne portent en rien atteinte aux dispositions des lois antérieures rela-tives à la publicité des faits, actes ou jugements concernant les commer-çants et les sociétés de commerce ; elles demeurent en vigueur avec les sanctions y attachées (3). (V. N° 1.)

18. — La loi est applicable le 27 juin 1920. — Algérie et Colonies. — La loi du 18 mars 1919 entre en vigueur trois mois après la publication des règlements d'administration publique prévus à l'article 22 de la dite loi. Le décret du 15 mars 1920 a été inséré au *Journal Officiel du 27 mars 1920.* C'est donc le 27 juin 1920 que commence l'application de la loi sur le registre du commerce.

Des règlements d'administration publique fixeront les conditions dans lesquelles la présente loi sera applicable en Algérie et dans les colonies (4).

19. — L'inscription des commerçants ou sociétés établis avant le 27 juin 1920. — Les dispositions précédentes s'appliquent dans le cas où

---

(1) Loi du 18 mars 1919, art. 18.
(2) Loi du 18 mars 1919, art, 19 et 20.
(1) Loi du 18 mars 1919, art. 21.
(3) Loi du 18 mars 1919, art. 21.
(4) Loi du 18 mars 1919, art. 23, 24.

les établissements principaux, succursales ou agences, fonctionnaient en France antérieurement à la promulgation de la loi du 18 mars 1919. Les commerçants, administrateurs ou gérants des sociétés et directeurs de succursales doivent s'y conformer dans un délai de six mois à partir de sa mise en vigueur (1), c'est-à-dire du 27 juin au 27 septembre 1920

CHAPITRE VII

DE LA DECLARATION AU GREFFE DU TRIBUNAL DE COMMERCE

20. — La formule de déclaration. — Son libellé. — Nous avons vu que tout commerçant est astreint à une déclaration pour obtenir son immatriculation sur le registre du commerce.

Cette déclaration est établie en double exemplaire, sur une formule spéciale, fournie par le greffier.

Les mentions exigées par la loi du 18 mars 1919 doivent être écrites sur la déclaration, lisiblement, sans abréviations ni altérations, ni surcharges ; les renvois en marge doivent être paraphés et leur nombre, ainsi que celui des mots rayés nuls, compté et certifié (2).

21. — Mention des brevets d'invention. — Les brevets d'invention exploités sont désignés par la date de leur dépôt et leur numéro de délivrance ; les marques de fabrique et de commerce employées, par la date, le lieu et le numéro de leur dépôt. (Décret du 15 mars 1920, art. 3.)

Il a été admis par les auteurs du projet de loi et par la Commission du commerce à la Chambre, que la mention des brevets et des marques figure au registre du commerce, à la condition qu'elle soit tout à fait sommaire et simplement à titre d'indication, pour permettre à ceux qui consultent le registre de se reporter à l'inscription plus complète qui est faite à l'Office national de la propriété industrielle. Dans ces conditions, ce ne sont pas toutes les marques employées par le commerçant, comme semble le dire le texte de l'article 5, qui doivent être mentionnées au registre, mais seulement celles d'entre ces marques qui ont fait l'objet d'un dépôt régulier à l'Office national de la propriété industrielle (3).

M. Serres, le rapporteur à la Chambre, s'exprimait ainsi : « A première vue, la Commission du commerce avait émis le vœu que la mention des brevets d'invention et des marques de fabrique ne soit pas exigée. Elle avait craint pour le brevet que la publicité puisse atteindre les intérêts de l'exploitant lorsqu'il n'était bénéficiaire que d'une licence qui n'avait pas encore été portée à la connaissance des tiers, et pour les marques de fabrique, que la mention n'entraînât une obligation de publicité qui n'a jamais été imposée par le législateur. Après discussion, elle a admis que la mention des brevets et des marques figure au registre de commerce, à la condition cependant qu'elle soit tout à fait sommaire et simplement à titre d'indication, pour permettre à ceux qui consultent

---

(1) Loi du 18 mars 1919, art. 25.
(2) Décret du 15 mars 1920, art. 2 et 3.
(3) Rapport Dupont, N° 478, 28-11-1918.

le registre de se reporter à l'inscription plus complète qui est faite à l'Office de la propriété éventuelle. » (V. N° 6.)

22. — Qui doit et peut déposer la déclaration ? — La déclaration en double exemplaire, que tout commerçant, tout gérant ou administrateur de société commerciale ayant en France soit son établissement principal, soit une succursale, soit une agence, tout directeur de succursale ou d'agence est tenu de remettre au greffe du tribunal de commerce dans le ressort duquel il possède ou dirige un établissement, à l'effet de requérir son immatriculation ou une inscription dans le registre du commerce, en vertu de la loi du 18 mars 1919, doit être déposée par l'intéressé ou par son fondé de pouvoir spécial, muni d'une procuration ; cette procuration peut être faite sous seing privé, mais doit être timbrée et enregistrée ; elle est laissée au greffe.

Dans le cas où la déclaration est déposée par un mandataire, la signature du mandant doit être légalisée. Si la déclaration est remise par le requérant lui-même, le greffier du tribunal doit s'assurer de l'identité du requérant (1).

23. — Production de pièces justifiant de la qualité de commerçant. — Aucune réquisition tendant à l'immatriculation sur le registre du commerce établi par la loi du 18 mars 1919, d'un commerçant ou d'une société commerciale, ne sera reçue par le greffier du tribunal de commerce que sur la production d'un extrait du rôle de la contribution des patentes ou de l'impôt sur les revenus industriels et commerciaux, ou d'un acte de cession du fonds de commerce, ou, à défaut des pièces ci-dessus, d'un certificat délivré par le maire de la commune dans les départements et, à Paris, par le commissaire de police du quartier, attestant après vérification, la réalité de l'existence de l'établissement commercial visé dans la déclaration. (Loi du 26 juin 1920, art. 5.)

Cet article a pour but d'éviter que des personnes peu scrupuleuses ne profitent des facilités de la loi pour requérir leur inscription et agir vis-à-vis des tiers comme de véritables commerçants, sans cependant exercer une profession commerciale effective (2). Il importait d'écarter, dans la mesure du possible, les inscriptions volontairement inexactes, dolosives ou frauduleuses que des individus sans scrupule seraient peut être tentés parfois de requérir et qui seraient de nature à préjdicier gravement au commerce honnête et sérieux (3).

24. — Vérification par le greffier. — Inscription. — Récépissé. — Le greffier vérifie si toutes les indications prescrites ont été fournies. Il inscrit lui-même en tête de la déclaration :

1°) La date et l'heure du dépôt ;

2°) Le numéro d'ordre attribué à la déclaration suivant une numérotation continue commençant à nouveau chaque année à partir du 1er janvier ;

3°) Le numéro sous lequel le commerçant sera immatriculé au registre analytique. (V. N° 4.)

Les déclarations sont inscrites sur le registre chronologique à souche, dans l'ordre de leur dépôt au greffe et sous le numéro qui leur a été

---

(1) Décret du 15 mars 1920, art. 1er.

(2) Rapport Charles Dumont, Chambre des Députés, N° 720, 17 avril 1920.

(3) Rapport Clémentel, Sénat, N° 249, 18 juin 1920.

attribué. Il en est délivré un récépissé détaché de la souche, constatant le fait du dépôt et mentionnant :

1°) Le numéro d'ordre de la déclaration ;

2°) La date et l'heure du dépôt ;

3°) Les noms, prénoms, ou les raisons sociales ou du commerce et le domicile des déclarants (1).

Le greffier ne peut refuser d'opérer les inscriptions requises que dans le cas où les déclarations faites par les requérants ne contiennent pas toutes les mentions prescrites par la loi.

Il signale au président ou au juge chargé de la surveillance du registre les inexactitudes qui lui paraissent avoir été commises dans les déclarations (2). (V. N° 4.)

Contrairement à la loi allemande, il n'a ni à les vérifier, ni à les contrôler quant au fond (3). (V. N° 6.)

25. — Déclarations postérieures. — Annulation. — Radiation. — Toute déclaration postérieure à l'immatriculation doit reproduire le numéro de la déclaration initiale et celui du registre analytique attribué lors de l'immatriculation. (V. N° 4.)

Lorsque le greffier sera requis d'inscrire des mentions susceptibles d'annuler des mentions existantes, il aura à rayer celles-ci à l'encre rouge, en indiquant en marge la référence de la mention nouvelle et le numéro sous lequel la déclaration ou la réquisition qui en demandait l'inscription a été réellement enregistrée.

S'il y a lieu à radiation d'une inscription par application de l'article 15 de la loi du 18 mars 1919, cette radiation est effectuée au moyen de deux traits croisés en diagonale tracés à l'encre rouge. (V. N° 13.)

Indication est faite en marge, à l'encre rouge également, soit de la décision prise à cet effet par le juge chargé de la surveillance du registre, soit de la réquisition en vertu de laquelle la radiation a été effectuée.

Cette mention est paraphée par le greffier (4).

26. — Certificat d'inscription. — Lorsque les indications contenues dans la déclaration ont été reportées au registre analytique, le greffier remet au déposant un des exemplaires de la déclaration, dûment signé, pour valoir certificat de l'inscription (5).

27. — Le second exemplaire de la déclaration est conservé au greffe. — Les exemplaires des déclarations conservées au greffe du tribunal sont reliés au moins chaque année par les soins et aux frais du greffier et dans leur ordre numérique (6).

28. — Inscription des décisions judiciaires. — Inscriptions d'office. — Les inscriptions des jugements ou arrêts visés par les paragraphes 2, 6 et 7 de l'article 5 (V. N° 6) et les 4° et 5° de l'article 7 (V. N° 8) de la loi du 18 mars 1919, ainsi que les inscriptions rectificatives d'une inscription antérieure inexacte qui auraient à être opérées par application du paragraphe 3 de l'article 19 de la loi précitée, sont effectuées sur la réquisition du greffier du tribunal ou de la Cour ayant rendu le jugement ou l'arrêt, qui en adresse, à cet effet, au greffier du tribunal de

---

(1) Décret du 15 mars 1920, art. 4 et 8.

(2) Loi du 18 mars 1919, art. 14.

(3) Rapport Serres, Chambre des Députés, N° 2946, 1er février 1917.

(4) Décret du 15 mars 1920, art. 5, 10 et 11.

(5) Décret du 15 mars 1920, art. 12.

(6) Décret du 15 mars 1920, art. 12.

commerce où est tenu le registre du commerce, la notification, au moyen d'une lettre recommandée avec accusé de réception.

Le greffier procède d'office à ces inscriptions lorsque le jugement a été rendu par le tribunal du siège, ou quand il s'agit des mentions visées par le 4° de l'article 5 de la loi (1). (V. N° 6.)

CHAPITRE VIII

FRAIS ET EMOLUMENTS

Conformément aux dispositions de l'article 22 de la loi du 18 mars 1919, le décret du 15 mars 1920 a, dans ses articles 18, 19 et 20, fixé les émoluments dus par tout commerçant au greffier du tribunal de commerce ou à l'Office national de la propriété industrielle.

Ces émoluments, exclusifs des émoluments prévus par le décret du 29 décembre 1919 (relatif à la revision des tarifs des greffiers), sont les suivants :

1°) Pour une immatriculation, une inscription ou une radiation, au greffier : 1 franc ; à l'Office national : 75 centimes.

2°) Pour chaque lettre du greffier adressée à l'occasion des formalités prévues par la loi (frais de poste en sus) : 50 centimes.

3°) Pour la copie des inscriptions portées au registre (non compris le remboursement des frais de papier timbré), au greffier : 1 franc pour chaque rôle de 20 lignes à la page et de 12 à 14 syllabes à la ligne ; à l'Office : 1 franc.

4°) Pour tout certificat délivré à l'occasion de la loi (non compris le remboursement des frais de papier timbré), au greffier : 2 francs ; à l'Office : 2 francs.

Les imprimés et registres sont fournis par l'Office national de la propriété industrielle aux greffiers, moyennant remboursement de leur coût réel et les frais d'envoi (art. 21). Aussi est-il alloué, en outre, à titre de remboursement du prix des formules, des frais de registre, reliure, et pour frais de toute formalité à accomplir d'office, au greffier . 2 francs ; à l'Office national : 1 franc.

L'émolument et le montant des débours revenant à l'Office, pour l'inscription au registre central, sont perçus par le greffier en même temps que les siens. Le greffier fait chaque mois, à l'Office national, par mandat ou chèque postal dont il retient les frais, l'envoi des émoluments et débours qu'il a perçus pour cet établissement. Il lui en est accusé réception.

Il sera perçu au profit du Trésor, pour chaque immatriculation, une somme de 10 francs, augmentée, lorsqu'il s'agira d'une société commerciale dont le capital social est supérieur à 100.000 francs, d'une taxe proportionnelle de 0,01 par 1.000 francs du capital social. Cette taxe proportionnelle ne sera due que pour l'immatriculation des sociétés commerciales françaises au tribunal de leur siège social, et pour l'immatriculation de sociétés étrangères au tribunal du lieu de la principale succursale ou agence.

---

(1) Décret du 19 mars 1920, art. 6.

. Les dispositions du présent article ne sont pas applicables aux inscriptions au registre du commerce autres que l'immatriculation (1).

La taxe est perçue sous sa responsabilité par le greffier du tribunal de commerce lors du dépôt de toute réquisition tendant à l'immatriculation d'un commerçant ou d'une société commerciale, ou d'une succursale ou agence dans le registre du commerce, en même temps que le montant des débours et de l'émolument qui lui sont alloués, ainsi qu'à l'Office national de la propriété industrielle, par le décret du 15 mars 1920.

Tout versement effectué par le greffier au receveur de l'enregistrement est accompagné d'un bordereau récapitulatif, qui mentionne sommairement les noms des commerçants ou les raisons sociales ou dénominations des sociétés, avec le montant de leur capital social, ainsi que le droit fixe, et, s'il y a lieu, la taxe proportionnelle afférente à chaque immatriculation (1).

CONCLUSION

Telles sont les dispositions de la loi du 18 mars 1918. Elle répond à la double préoccupation de créer une encyclopédie du commerce avec des références faciles à consulter, mais surtout de contrôler et de surveiller les sociétés étrangères qui, peu à peu, nous ont envahi. Que de déboires et de regrets on aurait pu s'éviter si on avait pu se rendre facilement compte du nombre et de l'importance toujours croissante des sociétés étrangères qui ont trouvé sur notre sol une hospitalité par trop large, au point de supplanter notre propre industrie et même de compromettre la défense nationale.

Des établissements étrangers qui, comme on l'a constaté trop soucent, se donnaient facilement une apparence d'entreprise française, seront désormais tenus de fournir tous les renseignements de nature à fixer le public sur leur véritable nationalité.

Il faut que la guerre soit pour nous un enseignement. La loi du 18 mars 1918 nous donnera à chaque instant la possibilité de nous renseigner utilement, en créant, en quelque sorte, un véritable « casier commercial » de tous les négociants et industriels français et étrangers, ce qui empêchera certaines fraudes faciles à pratiquer en raison des difficultés que présentaient les recherches dans l'ensemble de nos lois.

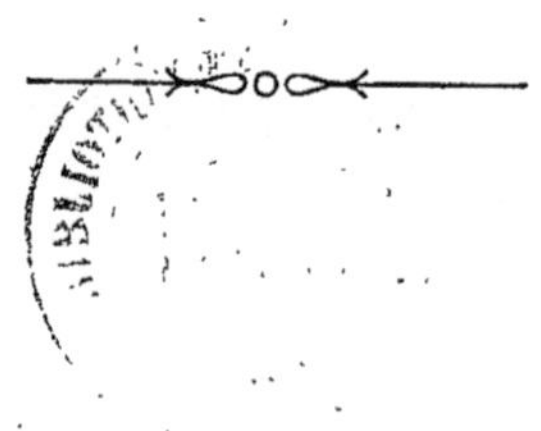

---

(1) Loi du 26 juin 1920, art. 5.
(1) Décret du 27 juin 1920, art. 1 et 3.